Lieutenant El Hadj Abdallah

L'ISLAM
dans l'armée française
(Guerre de 1914-1915)

CONSTANTINOPLE 1915

Reproduction interdite — Prix 1 Fr.

Lieutenant El Hadj Abdallah

L'ISLAM
dans l'armée française
(Guerre de 1914 – 1915)

CONSTANTINOPLE 1915

Reproduction interdite   Prix 1 Fr.

L'ISLAM DANS L'ARMÉE FRANÇAISE.
(GUERRE DE 1914—1915.)

AVERTISSEMENT.

Il convient que les musulmans de l'Afrique du Nord, eux qui ont donné le meilleur de leurs enfants pour combattre dans les rangs français, connaissent la véritable situation qui est faite aux soldats musulmans sous l'action des cadres français pendant cette horrible guerre.

Il convient qu'ils sachent qu'au lendemain de la déclaration de guerre entre l'Allemagne et la France, les musulmans ont répondu avec enthousiasme à l'appel de la France pour combattre dans ses rangs :

Les retraités indigènes furent rappelés au service; les appelés de la « conscription » rejoignirent leurs unités d'affectation; d'imposants contingents de goumiers et d'engagés pour la « durée de la guerre » (1), — pour la plupart fils de familles distinguées — s'enrôlèrent sous les drapeaux français, et tous, fils de grande tente comme simples fellahs, confondus dans un même sentiment de loyalisme, se joignirent aux éléments réguliers de spahis et de tirailleurs et s'embarquèrent pour la frontière franco-allemande. C'est dire, en un

---

(1) On appelle volontaires pour la « durée de la guerre », des musulmans qui, au moment de la déclaration de guerre entre la France et l'Allemagne, se sont inscrits pour combattre dans les rangs français pendant toute la durée de cette guerre = Prime d'entrée en campagne 100 francs; beaucoup de volontaires ont refusé la prime.

1*

mot, que les musulmans de toute catégorie, qu'ils soient Algériens, Tunisiens ou Marocains, eurent, à cette occasion, une attitude de loyalisme qui étonna même les arabophobes les plus acharnés!

Mais, dans un ordre d'idées corollaires, nous prendrons directement le parti pour poser quelques questions et demander à l'esprit français — représenté dans ce cas par la hiérarchie des cadres français qui avaient charge de conduire les soldats musulmans au feu — si, en compensation de l'admirable élan des musulmans, ces cadres y avaient, de leur côté, au cours des opérations de guerre de station ou de rase campagne, observé les plus élémentaires règles de condescendance ou simplement manifesté à l'égard de ces soldats qui se sont donnés corps et âme à la France un traitement exempt de mépris et de haine de race ?

En d'autres termes, nous demanderons également à ces autorités si les soldats indigènes ont été conduits au feu sous l'aspect de défenseurs patriotes en tant qu'appelés ou engagés volontaires pour la durée de la guerre, ou tout simplement comme un bétail de sacrifice poussé sous l'impitoyable matraque d'officiers arabophobes (1) ?

Enfin, — pour ne pas étendre la série trop longue des questions — ces soldats y avaient-ils été dotés, au même titre que les troupiers français ou néo-français (2),

---

(1) *Arabophobe* signifie antiarabe, contre l'arabe et ses convictions. Le contraire d'arabophobe est arabophile.

(2) *Néo-français:* nouveau français, naturalisé-français (italien, espagnol, juif, maltais, etc.).

d'éléments de réconfort moral et matériel pendant les événements ?

Voilà quelques-unes des piquantes questions que la masse des musulmans ignore. Il ne suffit pas de pousser un loyalisme — d'ailleurs pour une cause ingrate ! — à outrecuidance. Les musulmans — et notamment les notables — ont le droit et le devoir de s'occuper du sort de leurs frères qui ont souffert et qui souffrent encore en silence.

Le présent document a été établi dans ce but. Les musulmans nos frères y trouveront, ci-dessous, mentionnés avec une exactitude rigoureuse — et au besoin avec preuves à l'appui — une partie des actes de la persécution française. Ils constateront avec peine que la sollicitude française de jadis à l'égard des soldats musulmans a cessé d'éxister ; ils verront que le mépris et la haine de race se sont accentués chez un cadre arabophobe manifestement ambitieux ; ils y verront, enfin, que l'action de la France contre la Turquie a créé chez les chefs français des soldats indigènes une animosité dont les actes tyranniques ont dépassé les horreurs de la guerre elle-même ! Mais, si comme victimes et témoins oculaires nous avons été cruellement éprouvés dans les rangs français, nous avons le devoir, ici, de mentionner avec une légitime reconnaissance toute la sollicitude qu'ont trouvée les musulmans prisonniers auprès des Allemands ! — désormais amis et protecteurs de l'Islam.

Ces prisonniers sont installés dans des cantonnements pourvus de tout le confort moderne. Éclairage élec-

trique; bains-maures à la turque entourés d'éléments
de divertissements en cafés-maures ou autres intermèdes au goût des musulmans. Le paysage est pourvu
d'une saine et agréable végétation; au milieu de l'immense cantonnement, l'Allemagne bienfaisante vient
d'ériger une admirable mosquée à l'intention des soldats
musulmans prisonniers pour l'accomplissement de leurs
devoirs religieux!

Lieutenant EL HADJ ABDALLAH.

DÉVELOPPEMENT.

Nous avons indiqué sommairement dans notre avertissement une série de critiques sur l'état lamentable et abusif dont sont victimes les soldats indigènes dans les rangs français. Nous développerons, ci-dessous, avec une sincère vérité, tout un ensemble de doléances ou de considérations qu'il importe d'énumérer dans l'ordre suivant:

I. Recrutement actuel tel qu'il fonctionne des troupiers indigènes au service de la France ; action des cadres français sur l'ensemble des troupes indigènes.

II. Cadres indigènes ; leur recrutement et leur rôle.

III. Modifications apportées récemment (octobre 1914) à la formation des Régiments de tirailleurs en régiments dits « mixtes de zouaves-tirailleurs ».

IV. Prélèvements irréguliers de contingents de la Tunisie et du Maroc pour combattre en France.

V. Ordre de bataille des troupiers indigènes pendant les opérations de guerre (en tranchées et en rase campagne).

VI. Privations manifestes par actes d'assouvissement d'éléments de réconfort moral ou matériel: habillement, alimentations, service de santé, périodes de repos ; périodes de convalescence pour les blessés gravement atteints, refus de convalescence pour l'Algérie, etc.

I.

RECRUTEMENT ACTUEL, TEL QU'IL FONCTIONNE, DES SOLDATS INDIGÈNES AU SERVICE DE LA FRANCE; ACTION DES CADRES FRANÇAIS SUR LES TROUPIERS INDIGÈNES.

Les musulmans de l'Afrique du Nord n'ignorent pas que près de deux cents mille (200,000) de leurs frères ont pris part à l'action de la guerre actuelle dans les rangs français.

Dans ce chiffre, les proportions de différentes catégories en réguliers ou autres contingents volontaires pour la « durée de la guerre » peuvent être évaluées dans les conditions suivantes :

1º Tirailleurs algériens et tunisiens liés au service par un engagement volontaire 47,000

2º Tirailleurs algériens et tunisiens soumis à l'obligation du service militaire (décret de la « conscription ») . 60,000

3º Musulmans algériens et tunisiens engagés volontairement pour la « durée de la guerre » 10,000

4º Régiments de cavalerie indigène (spahis, spahis auxiliaires engagés pour la « durée de la guerre » . . 20,000

à reporter 137,000

2

Report 137,000

5° Contingents en goumiers dits spahis auxiliaires formant corps 15,000

6° Éléments de soldats indigènes repartis dans les corps français dits « auxiliaires » 10,000

7° Bataillons de Marocains dits «Chasseurs indigènes » 15,000

8° Cavalerie marocaine 10,000

Total (1): 187,000

Il ressort de ce recensement approximatif de combattants que plus de la moitié ont été astreints à l'obligation du service militaire français.

Ce n'est plus donc une troupe composée uniquement de « mercenaires », comme ils les appellent là-bas; mais des soldats « *appelés* » sans les droits politiques dont tous les autres appelés non-musulmans bénéficient!

Action des cadres français sur les soldats indigènes.

Les régiments d'infanterie et de cavalerie indigènes sont encadrés par un élément d'officiers, de sous-

---

(1) Dans ce chiffre ne sont pas compris les escadrons de méharistes du sud ainsi que les éléments à pied de cette contrée qui peuvent être évalués à plus de 10,000 ; ainsi que les éléments laissés aux dépôts d'instruction de l'Algérie, de la Tunisie ou du Maroc.

officiers, de caporaux et même de simples soldats qui ont suprématie au commandement sur les cadres et troupiers musulmans. Ces cadres proviennent, en majeure partie, d'officiers d'« affaires-indigènes », de colons français ou néo-français, de fonctionnaires ou d'autres spécialistes de «sueurs de Burnous» (1), nés ou résidants en Algérie et couvertis tous à la loge des arabophobes par conviction.

Comme conséquences résultant de ce principe d'encadrement dépourvu de discernement, les soldats musulmans s'y trouvent déjà sous une action de chefs imbus d'une mentalité manifestement hostile à leur égard. Car, les officiers d'affaires indigènes, les colons français, les colons néo-français et les fonctionnaires coloniaux sont avant tout des ennemis convaincus de l'Arabe; de plus, cette sorte de *merkantis* (2) ont continuellement des affaires *d'intérêt personnel* à trancher directement avec des musulmans soit comme fonctionnaires investis de prérogatives administratives, soit comme simples colons armés de pouvoirs politiques: C'est un joli cadre de « Français-néo-Français-cosmopolites-arabophobes »!(3). Si, ces merkantis hier marchands d'affaires avec les Arabes, se retrouvent aujourd'hui comme chefs pour les conduire au feu, on comprendra aisément si

---

(1) Un «sueur de Burnous» est le fonctionnaire de l'administration indigène qui manque à ses devoirs par des abus d'autorité ou des exigences incorrectes en argent.

(2) Marchand ambulant d'une boutique.

(3) Cadre de Français-néo-Français-cosmopolites-arabophobes: cadre composé d'éléments coloniaux vivant avec l'arabe et incontestablement hostiles aux musulmans.

les intérêts du service lui-même y gagnent et si les troupiers indigènes s'y trouvent sous une saine administration !

C'est pourquoi ces sabreurs de l'Islam, aidés par les mousquetaires fanfarons de la néfaste presse de l'Afrique du Nord, ne manquent pas, une fois chamarrés de dorures en guise d'officiers-merkantis, de faire sentir et d'exercer pratiquement toute leur ambition brutale sur les soldats indigènes qui n'osent pas leur « rendre le coup », comme en feraient d'autres soldats français ou néo-français.

Dès lors, il se passe des actes abominables ; les officiers cravachent impitoyablement et lancent des épithètes grossières à l'encontre des musulmans ; leurs autres subordonnés français suivent leur exemple et excellent même dans cet art honteux et, si un malheureux soldat indigène se hasarde à des murmures plaintives, c'est la grosse matraque qui l'assomme, quand ce n'est pas le coup de révolver qui l'abat comme un chien.

Un jour (3 mars 1915 — secteur 132 — Point B. F. L.) un capitaine de tirailleurs, un de ces *couscoussiers de hautes diffas* (1), à qui un sous-officier indigène venait de rendre compte qu'un obus allemand avait détruit un abri et provoqué la mort de plusieurs tirailleurs, a répondu sans sortir de sa niche souterraine profondément fortifiée. « Bon ; plus il en mourra, plus il y en aura de la place pour les Belges en Algérie —. »

---

(1) Diffa : hospitalité entourée de libéralités que les chefs arabes réservent aux autorités françaises, surtout à celles des affaires indigènes.

Voilà comment un membre de la hiérarchie des cadres qu'on nomme à la tête des troupiers indigènes félicite les soldats qui meurent pour la patrie française !

C'est dire, en résumé, que le soldat indigène a cruellement souffert dans le rang comme en dehors du service de la fanfaronnerie de chefs manifestement ennemis de l'Islam. L'école des colons français ou néo-français-cosmopolites-arabophobes, qu'on a surabondamment investis de grades d'officier ou de sous-officier pour commander des soldats indigènes, a produit tous les effets de molestations que les victimes n'oublieront pas et que les représentants-notables de l'Algérie sauront, un jour, réprouver énergiquement devant l'opinion publique.

* *
*

II.

CADRES INDIGÈNES; LEUR RECRUTEMENT ET LEUR RÔLE.

Les cadres indigènes ne sont que « lettre morte » à côté des cadres français. « Toujours à la peine, jamais à l'honneur » ! tel est le principe de leur sort. Depuis 70 ans (!), la France n'a pas pensé encore à ouvrir la porte de ses écoles aux musulmans; on voit rarement un fils d'une « grande tente » affronter un cours dans une école au milieu de « camarades » quelque peu rébarbatifs. Devenu officier, le fils de la tente chevauche au milieu des intellectuels comme « camarade » à . . . . . . la « gomme arabique » (1). Autrement, dans l'armée démocratique française, il est incorrect pour un officier français de se commettre, en dehors du service, avec un vulgaire officier indigène! Bref, revenons aux cadres.

La hiérarchie militaire française comporte 18 grades allant de caporal à général de division.

Sur ce nombre, quatre grades inférieurs seulement sont accessibles aux musulmans :

> 1° caporal ;
> 2° sergent ;
> 3° sous-lieutenant ;
> 4° lieutenant.

Le grade de lieutenant est la barrière de l'avancement (2).

Ainsi, les grades qui ont des attributions de comptabilité, d'administration ou d'un commandement effectif sur une troupe, ne sont pas accessibles aux musulmans. Sur les 200,000 arabes soldats, il n'y a pas *un seul* gradé qui ait un commandement effectif, c'est-à-dire un commandement administratif sur une troupe (compagnie, peloton ou même une section) de son espèce !

---

(1) Terme de mépris en usage chez les officiers d'affaires indigènes.

(2) Au cours de cette guerre, les officiers indigènes ont été supprimés et remplacés par des néo-français italiens, espagnols, maltais ou juifs, de sorte que les cadres indigènes sont réduits au minimum et pour cause.

Pourquoi ? Toujours la même réponse : manque d'instruction (1) et par suite incapacité chez le gradé indigène pour commander une troupe ; ou irrégularité dans les mœurs françaises.

Pour incapacité par suite de manque d'instruction, nous demanderons ce que la France a fait des millions qu'elle fait annuellement verser comme impôts aux musulmans pour l'instruction de la masse. N'est-ce pas une honte pour la France, elle qui prétend avoir inventé la civilisation et l'humanité, que d'avoir des lieutenants indigènes qui ne sachent ni lire ni écrire !

En ce qui concerne l'irrégularité dans les mœurs françaises, nous prions nos civilisateurs de ne plus étaler tant d'écrits en gros caractères pour proclamer l'assimilation, le rapprochement, etc. etc. Ces vocabulaires n'ont d'autres avantages pour nous que de nous détourner de notre religion et de nous rendre une sorte de « déclassés ».

C'est encore une des principales questions que nos notables musulmans sauront revendiquer devant qui de droit ; les soldats musulmans ne devront pas être éternellement des corvéables à merci sous la cravache des néo-Français ou autres sabreurs de l'Islam. L'égalité dans les grades, les honneurs chèrement payés ou la destruction du militarisme musulman ; c'est ce dernier moyen qui convient le mieux.

---

(1) En réalité c'est par méfiance ; la voilà, la méfiance française à l'égard du loyalisme musulman !

*
*   *

III.

MODIFICATIONS APPORTÉES RÉCEMMENT À LA FOR-
MATION DES RÉGIMENTS DE TIRAILLEURS EN RÉGI-
MENTS DITS « MIXTES DE ZOUAVES-TIRAILLEURS. »

Un événement qui laissera de cruels souvenirs dans le cœur des combattants musulmans s'est produit vers octobre 1914.

Au cours des opérations de guerre, un ordre du commandement français était venu renverser subitement l'organisation des régiments de tirailleurs pour les mélanger avec les zouaves.

Les raisons données à ce sujet ont été fort confuses ; d'après les uns — les arabophobes —, les tirailleurs n'auraient pas montré leurs qualités habituelles de bravoure sur le champ de bataille ; aux dires des autres, les grosses pertes subies avaient nécessité cette étrange transformation ; on en était aux commentaires les plus divers.

Cependant, les tirailleurs et les autres soldats indigènes — qui ne sont pas tout de même un bétail de somme pour ne pas comprendre une ruse de ce genre — avaient accepté avec un cœur léger d'être fusionnés avec l'armée des néo-Français-cosmopolites-arabophobes. Voici : La France qui venait de préparer un corps expéditionnaire pour marcher sur Constantinople avec ses alliés, avait tenu, pour écarter tout développement de sentiments confraternels, à l'égard des Turcs, de la part des soldats musulmans qui combattaient en

France, d'exercer sur ces soldats une surveillance clandestine très serrée. C'est ce qui a décidé le commandement français à fondre les régiments de zouaves avec ceux des tirailleurs pour les rendre « Régiments mixtes de zouaves-tirailleurs » !

Le spectacle de cette fusion fut navrant ; les soldats indigènes, tout en donnant le « coup de feu » dans les tranchées ou dans les attaques, étaient censurés dans leur moindre geste par tout une armée de mouchards-néo-Français-cosmopolites-arabophobes ! Les zouaves, qu'ils soient fils d'italiens, d'espagnols, de Maltais, de juifs ou d'autres cosmopolites trop nombreux à énumérer ici, avaient reçu l'ordre criminel — toujours clandestin — de brûler la cervelle à quiconque des musulmans oserait manifester le moindre geste de complaisance à l'égard des Turcs ou des Allemands.

C'était une agréable mission pour ces zouaves que d'assouvir sur la peau de l'Arabe tout le mépris de leur mentalité. Les cadres et soldats indigènes étaient ainsi soumis à un contrôle des plus outrageants. Comme supplément à ces avanies, les zouaves racontaient aux tirailleurs que Constantinople, la Mecque et Médine tomberaient incessamment en ruines sous les forces irrésistibles du corps expéditionnaire français.

Étrange coïncidence : pendant que les musulmans défendent le sol de la France, celle-ci menace la ruine de Constantinople, de la Mecque et de Médine !

Il faut que les musulmans aient perdu tout sentiment de la fibre islamique pour supporter plus longtemps un outrage pareil de la part d'une nation qui

s'est déclarée moralement et matériellement protectrice de l'Islam !

La destruction de la Mecque et de Médine, n'est-ce-pas là la destruction de l'âme musulmane elle-même ! Les soldats musulmans ne sont pas habitués à des avanies d'une surveillance clandestine ; ils n'en ont pas peur du contrôle des cosmopolites-arabophobes ; ils sauront, un jour, briser par une manifestation légitime toutes les servitudes éhontées que la France leur a imposées !

* * *

IV.

PRÉLÈVEMENTS IRRÉGULIERS DE CONTINGENTS TUNISIENS ET MAROCAINS POUR COMBATTRE EN FRANCE.

D'après les traîtés de protectorat établis pour la Tunisie et le Maroc, les soldats musulmans de ces deux pays qui sont soumis à un régime gouvernemental spécial ne devront pas, lors d'une guerre de la France à l'étranger, être expatriés de leurs pays respectifs.

Dès lors, de quel droit la France a fait embarquer les régiments tunisiens et marocains pour combattre à la frontière franco-allemande ?

De pareils abus n'ont pas manqué, d'ailleurs, de produire des protestations légitimes chez les musulmans interessés. Des soldats ont été embarqués de force en Tunisie ; tous les hommes d'un bataillon ont refusé de se soumettre aux exigences injustes des autorités françaises ; 27 Tunisiens ont été fusillés. A la violations du droit des gens, s'ajoute la criminalité des exécutions arbitraires !

La France, pour avoir la libre disposition de ses agissements tyranniques, a fait interner le Bey de Tunis en France et le Sultan du Maroc dans un fort à Rabat. Elle continue à arracher à leurs familles, malgré leurs protestations, des contingents qu'aucune loi ne soumit à l'obligation du service militaire.

Au Maroc, ce fut tout une spirituelle ruse ; les bataillons de chasseurs indigènes marocains, au moment de leur embarquement en France, avaient été persuadés qu'ils y allaient chercher le drapeau d'un nouveau régiment marocain !

Mais quand ils furent arrivés sur la ligne de feu au Point S, ils furent stupéfiés ! Les Marocains n'y comprennent rien ; ils ne voient pas comment entreprendre une lutte pour le compte d'une nation qui, elle, par derrière, dans leur pays, se livre à main armée à l'usurpation de leurs biens et à la destruction de leurs familles !

Quoi qu'il en soit, dans les tranchées, les soldats marocains et tunisiens, qui y ont été embarqués de force ou avec ruse, protestent énergiquement. Il appartient à leurs représentants indigènes de faire valoir leurs revendications en attendant que la question entre en propre dans une phase diplomatique.

La perspective de cette violation de traités est pleine de conséquences graves pour la France.

*
* *

V.

ORDRE DE BATAILLE DES TROUPIERS INDIGENES PENDANT LES OPÉRATIONS DE GUERRE (EN TRANCHÉES ET EN RASE CAMPAGNE).

Sous ce titre, nous exposerons les conditions tout à fait exceptionnelles auxquelles sont soumis les soldats indigènes en campagne, c'est-à-dire en guerre.

Par principe, les musulmans forment ce qu'on appelle des éléments de choc quand il s'agit d'actions en rase campagne, ou troupes de première ligne quand il s'agit de combat dans les tranchées.

Les éléments de choc foncent en masses compactes sur l'ennemi dans une action décisive et dans les assauts; c'est ce qui a fait que des bataillons entiers de tirailleurs ont été littéralement anéantis dans certains combats.

Les troupes de 1re ligne, dans les combats de tranchées, sont exposées également à des effets foudroyants suivant l'intensité qui se manifeste dans les combats. Ce petit exposé nous ramène à dire que les soldats musulmans — dont d'aucuns cherchent à rabaisser la bravoure légendaire au profit des néo-Français-cosmopolites-arabophobes — sont presque toujours en 1re ligne. Nous ne contestons nullement le fait d'être en tête des combattants dans les rangs français. Ce sont des considérations honorables pour les musulmans qui n'ont jamais su marchander leur vie pour la cause française; le sang des musulmans versé sur les divers champs de bataille l'a surabondamment prouvé aux ennemis de notre race.

Mais ce que nous soulèverons avec indignation, c'est l'impudente injustice qui se manifeste dans tous les actes du commandement à l'égard des troupiers indigènes. Exemple: les soldats musulmans sont lancés à la baïonnette sur une position; les cadres de la carmagnole — ou néo-Français-cosmopolites-arabophobes — restent terrés dans leurs formidables retranchements souterrains; après la bataille, ces protégés de la puissante cuisine-politique républicaine sortent de leurs trous, se maquillent avec le sang des cadavres musulmans et, en fanfarons mousquetaires, se glorifient d'être les dignes descendants de je ne sais quelle souche.... Que de galons et de croix d'honneur ont été distribués sur le dos de pauvres victimes tombées sous la méprisable poussée de vaniteux boute-en-train!

Les actes d'héroïsme des musulmans sont falsifiés sur le champ de bataille même; une troupe qui se bat sous la conduite de chefs indifférents à sa protection morale et au milieu d'éléments politiquement hostiles aux musulmans, n'aura éprouvé souffrances et sacrifices que sous l'idéal d'un instrument de peine! Que les musulmans retiennent bien cet événement.

* * *

VI.

PRIVATIONS MANIFESTES PAR ACTES D'ASSOUVISSE-MENT D'ÉLÉMENTS DE RÉCONFORT MORAL ET MATÉ-RIEL: HABILLEMENT, ALIMENTATION, SERVICE DE SANTÉ, PÉRIODES DE REPOS, PÉRIODES DE CONVALES-CENCE POUR BLESSÉS GRAVEMENT ATTEINTS, REFUS DE CONVALESCENCE EN ALGÉRIE POUR LES SOLDATS MUSULMANS.

L'opinion publique en France avait prévu une période de trois mois pour toute la guerre, et, au bout de cette période, Berlin et les États allemands devaient être envahis et parcimonieusement partagés entre la France et ses alliés. Si les préjugés mielleux de la France ne furent pas réalisés, ce n'est certainement pas de la faute des soldats musulmans. En attendant, les armées allemandes foncent de plus en plus sur le sol français et l'avenir nous réserve quelque agréable surprise . . . . Est-ce ces revers qui ont eu leur ré-percussion sur les combattants musulmans?

Que s'est-il donc passé dans ces combats et dans ces tranchées relativement à ces soldats? Il faut avoir été victime et témoin oculaire pour le décrire. Il faut que les musulmans sachent que leurs frères ont terrible-ment souffert non pas des effets meurtriers de la guerre elle-même, mais de l'insouciance et de l'abandon dont ils ont été criminellement victimes de la part du com-mandement.

A-t-on pourvu les troupiers indigènes, au cours de leur interminable séjour dans des tranchées boueuses et malsaines, d'éléments de réconfort en les mettant tant soit peu à l'abri d'un climat particulièrement rigoureux pour eux? Nous répondrons, malheureusement, par une cruelle négative.

Partis d'Algérie ou du Maroc avec des effets en toile, c'est avec ces effets de la chaleur d'Afrique que ces troupiers ont enduré, pendant de longs mois, toutes les intempéries du nord de la France. Au plus fort de la saison d'hiver, on voyait dans les tranchées — la plupart à ciel ouvert — des hommes grelottant avec les pieds engloutis jusqu'au genou dans l'eau. Les paquetages de campagne ayant été abandonnés dans les premiers combats, la plupart n'avaient même pas un couvre-pieds. Si cette absence de vêtements était le fait d'un cas de force majeure ayant invariablement atteint troupiers indigènes et troupiers français, nous nous serions gardé de formuler la moindre critique; mais du moment qu'elle est le résultat d'une privation manifeste de la part du commandement(1), nous protestons énergiquement et avec nous tous les parents et les notables de la colonie, qui ont eu le grand tort de livrer leurs enfants à la tyrannie française. Il n'est pas admissible que des musulmans appelés au service, des goumiers, des engagés volontaires pour la durée

---

(1) Les troupiers français recevaient continuellement des effets neufs, et lorsque plus tard on se décida à pourvoir les indigènes de quelques effets, ce fut avec les vieux effets des troupiers français très usagés qu'on habilla les indigènes.

de la guerre, etc., soient la risée des néo-Français-cosmopolites-arabophobes pour leur faire un rempart de leur chair dans les tranchées pendant qu'eux se chauffent et s'engraissent dans les caves?

Et la nourriture?

Quand les circonstances d'engagements en rase campagne ne permettent pas la préparation des aliments, c'est une affaire entendue; mais est-ce le cas de combats en station, c'est-à-dire en tranchées, pour nourrir les soldats musulmans comme des c....?

Pourquoi aux uns une alimentation abondante, des boissons hygiéniques, des distributions supplémentaires de toutes sortes, et aux autres — les indigènes — un quart de café froid mélangé de terre et une tambouille de riz?

Et le service de santé?

Les tirailleurs atteints de bronchites, de catarrhes, de dysenterie, d'engelures, de grippe, de névralgies et d'autres symptômes provenant d'un long séjour sous le froid et la pluie, ne trouvent pas grâce chez des médecins trop instruits par des ordres formels des chefs « sabreurs de l'Islam ». Dès qu'un docteur — quand c'est un nouveau venu chez les troupiers indigènes — se hasarde à quelques soins humanitaires ou à des ordres d'évacuation pour maladie grave concernant les troupiers musulmans, il est immédiatement rappelé à l'ordre(1) par un arabophobe quelconque. Par suite, la plupart des combattants ont renoncé à la « visite » du docteur pour éviter le « remède » de la cravache.

---

(1) L'ordre secret de la confrérie des arabophobes.

Les blessés sont soignés à quelques centaines de mètres à l'arrière de la ligne de feu dans des caves ou des trous aménagés à cet usage ; c'est là, sur de la paille, qu'ont lieu les traitements médicaux. Rarement le « bicot(1) » est transporté à l'arrière, dans une de ces stations sanitaires confortables où se soignent les « autres ».

Quant aux périodes de repos, c'est-à-dire le déplacement d'éléments indigènes des tranchées à l'arrière pour se reposer des fatigues, ce fut réellement un abus sans nom. Des régiments entiers indigènes ont supporté, pendant de longs mois, des fatigues insurmontables dans de sales trous que la pluie et les obus démolissaient à tout moment. On ne reconnut pas aux musulmans des moments d'accalmie ; ils sont habitués à la « dure », parait-il. Et pendant que les « autres » se retrempaient dans des stations convenablement aménagées à l'arrière de la ligne de feu, les musulmans continuaient à monter la garde.

Comme récompense de leur attachement à la défense du sol français, le commandement a décidé, en dernier lieu, de n'accorder aucune convalescence en Algérie pour les soldats dont l'état de santé nécessitait ce transfert(2). C'était encore une de ces méfiances du Français à l'égard du loyalisme musulman ! On ne voulait pas que les musulmans d'Algérie sussent ce qui se passait en France ; on voulait tout étouffer

---

(1) C'est ainsi qu'on traite le soldat indigène.
(2) Les raisons sont développées à la page 29.

avec le sang et les cadavres de leurs frères et ne leur
révéler que des mensonges abondamment étalés sur
les journaux par les charmeurs habituels de la duperie
musulmane !

*   *   *

VII.

PROFANATION DE LA RELIGION DES MUSULMANS DANS LES RANGS FRANÇAIS ; ENTERREMENT DES MORTS.

Nous abordons une question qui, entre toutes, a
profondément choqué et choquera encore certainement
les musulmans dans leurs convictions les plus intimes.

Nous voulons parler des secours de la religion, dont
les soldats musulmans ont été totalement privés pendant la guerre. Si l'on a besoin de démonstrations
caractéristiques de l'indifférence française, à l'égard de
ces combattants, les voici : La France, par un décret
rendu dès le commencement de la guerre, a doté tous
les cultes de prêtres qui ont été régulièrement investis
de prérogatives militaires et matériellement munis de
moyens pour secourir et assister leurs différents coreligionnaires en secours religieux pendant la guerre.
Le culte musulman, seul, a fait exception à cette règle !

Nous nous demandons, vraiment, jusqu'où va la
perfidie de nos civilisateurs qui, à l'égard même de
ceux qui tombent pour leur pays sur le champ de
bataille, ne fléchit pas dans son caractère méprisant !

Pourquoi donc qu'à côté des prêtres français et israélites, il n'y eut pas un seul muphti, un imam ou simplement un thaleb qui eût été officiellement investi d'un titre religieux pour assister quelques-uns des 200,000 mahométans qui combattent dans l'armée française ? Les faits sont là, incontestables. Les prêtres français et israélites ont rendu d'appréciables services à leurs coreligionnaires ; ils ont présidé dans les enterrements ; ils ont aménagé avec des moyens mis à leur disposition des sépultures et des cimetières convenables ; leur présence en première et dans les lignes secondaires des lieux de combat a réconforté efficacement leurs adeptes ; ils ont donné des messes que les mécréants les plus irréductibles de leurs cultes respectifs ont écoutées avec une grande soumission .... ils ont beaucoup fait ....

Pendant ce temps, la religion, les fêtes saintes, le jeûne (Ramadan) et les coutumes sacrées des musulmans étaient piétinés avec une impudente indifférence par les cadres oppresseurs. Des milliers de musulmans morts au champ d'honneur ont été enfouis comme des paquets malsains sans la moindre apparence de sépulture et sans les moindres usages rituels. Les circonstances de l'état des opérations permettaient cependant d'accomplir quelques devoirs funèbres; on en a rien fait. Et, si le commandement français avait cru ne pas pourvoir au culte religieux d'imams, il aurait pu, néanmoins, éviter le navrant spectacle d'enfouir ces soldats dans des trous communs comme de tristes condamnés à mort! Donc, les prétendues cérémonies funèbres qui ont été relatées par certains journaux français comme ayant été rendues à tel ou tel soldat indigène décédé à Paris (!) ou à Bordeaux (!!), à 200 kilomètres de la ligne de feu (!!!), ne sont autre chose que des facéties dues à la supercherie habituelle de ces journaux; en tous cas, ce n'est pas à 200 kilomètres de la ligne de feu qu'on assiste les combattants d'un culte quel qu'il soit.

Les musulmans sauront, encore une fois, que leurs frères morts sur le champ de bataille ont été l'objet d'un blasphème que les survivants oculaires raconteront plus tard avec les plus navrants détails.

*   *
*

XIII.

CENSURE RIGOUREUSE DE LA CORRESPONDANCE DES MILITAIRES INDIGÈNES.

La correspondance des soldats indigènes avec leurs parents d'Algérie, de la Tunisie ou du Maroc, a été soumise en tout temps à une censure particulièrement sévère.

Les autorités françaises ont pris nettement leurs dispositions pour qu'elle eût le caractère d'un isolement significatif entre l'élément civil de la colonie et l'élément militaire d'outre-mer.

Les lettres d'Algérie adressées à des militaires indigènes en France subissent, avant de parvenir à leurs destinataires, le contrôle de la police secrète et celui des renseignements généraux; c'est dire que la correspondance autorisée met au moins deux mois pour parvenir. Celles provenant des soldats de France pour la colonie, passent également sous une censure serrée. Toute missive qui contiendrait la moindre critique qui ne plut pas, était jetée au panier.

Or, dans ces nombreuses précautions de contrôlement, il ne s'agissait pas seulement du secret de la défense nationale qui, en pareilles circonstances, nécessite un contrôle quelconque. Mais il s'agissait surtout **d'un contrôle spécial à exercer sur la politique indigène.** On ne voulait pas que des musulmans, civils ou militaires, échangeassent quelques considérations sur leur situation morale respective; et partant on voulait qu'ils restassent dans une obscure ignorance sur ce qui se passait en Algérie ou sur le front des armées.

Et cependant en Algérie comme en France, les musulmans ont été éprouvés par toutes espèces d'événements. De même que les soldats, les indigènes civils de la colonie ont eu leur part d'événements répressifs après de criminelles provocations. En Algérie, l'armée des néo-Français-cosmopolites-arabophobes a, à la suite de la guerre de la France contre la Turquie, déployé tout une série de critiques acerbes contre l'Islam. Les plus acharnés de cette secte sont allés même jusqu'à provoquer de paisibles fellahs dans leurs douars pour créer une sorte d'insurrection indigène; ces provocations avaient pour but de créer, à leur tour, une agitation dans les milieux indigènes dont les effets obligeraient le gouvernement à prendre des dispositions armées. C'est ce qui a été décidé et des éléments de territoriaux de néo-Français ont été envoyés sur différents points de l'Algérie pour mitrailler des indigènes soit-disant révoltés. Le but des néo-Français qui voulaient à tout prix échapper à l'action des canons allemands était atteint! Mais il fallait inventer quelque soulèvement indigène et de nombreux douars — notamment dans la province d'Oran — ont été avec leurs malheureux habitants la proie des flammes et des exécutions sous la tyrannie de l'armée des néo-Français-cosmopolites-arabophobes. Y a-t-il lieu de s'étonner, dans ces conditions, qu'une rigoureuse censure de la correspondance des musulmans soit ajoutée à ces atrocités ? N'est-ce pas une monstruosité que les parents des Marocains ou des Algériens soient l'objet, par derrière, de terribles représailles, pendant que leurs fils se sacrifient pour la France ? N'est-ce pas un crime aussi que de priver, sous de fallacieux prétextes, tout une armée de soldats musulmans des nouvelles de leurs parents pour le bon plaisir de la secte arabophobe!

*   *
*

IX.

LES SOLDATS MUSULMANS PRISONNIERS EN ALLE-MAGNE.

Les musulmans qui croient encore aux préjugés des prétendues cruautés allemandes que nos civilisateurs nous ont enseignés à l'école buissonnière, seront deçus de leur naïve crédulité quand les milliers de soldats indigènes prisonniers leur narreront, eux-mêmes, à leur retour en Afrique, toute la sollicitude et toutes les prévenances humanitaires dont ils ont été entourées comme prisonniers de guerre sur la terre allemande.

Il nous est agréable, en abordant un sujet qui interesse au plus haut degré l'Islam, d'anticiper ici les effets d'une synthèse que l'histoire des événements de cette guerre developpera un jour sous une forme mieux appropriée quand aux sentiments de reconnaissance que les prisonniers mahométans — et avec eux tout l'Islam — ont contractés vis-à-vis des Allemands.

Situation des prisonniers musulmans.

Aux environs de Berlin, dans un site agréablement ondulé de verdures, les prisonniers sont installés là dans un confortable cantonnement entouré d'une végétation luxuriante et baigné par un véritable climat d'un des meilleurs coins africains. Il y en a un peu de tout : Tirailleurs algériens, Tunisiens, Marocains,

Goumiers, civils indigènes, musulmans Hindous (Indiens), musulmans Sibériens-russes, etc., etc.

Ils sont logés par ordre de sectes, en fractions constituées, dans des baraques convenablement aménagées partie en maçonnerie partie en bois. Le cantonnement — un immense rectangle horizontal — est divisé en secteurs de baraques symétriques très espacées ; les dépendances de chaque secteur sont pourvues de locaux supplémentaires pour la préparation des aliments, de lieux de commodité et d'accessoires de précautions hygiéniques, où règne partout une propreté immaculée. Indépendamment des logements et de leurs accessoires, les autorités allemandes ont fait construire à l'intérieur central du cantonnement des bains-maures, style oriental, ainsi que des lieux de divertissements en cafés-maures, intermèdes qui permettent aux prisonniers de se livrer agréablement à leurs ablutions rituelles pour la prière et à leurs coutumiers divertissements dans les réunions des cafés maures. Tout le cantonnement est éclairé à l'électricité ; c'est un phénomène qui a particulièrement interessé la plupart des prisonniers non habitués à ce genre d'éclairage ! Les prisonniers, bien nourris et bien habillés, s'entretiennent bruyamment dans leur cantonnement sous une surveillance pleine de bienveillance. L'emploi de leur temps est conditionné au mieux de leur interêt personnel : après d'amusants jeux d'assouplissement en plein air, ils se livrent à l'étude du Coran et de quelques notions préparatoires de géographie, d'histoire et de calcul sous la direction de professeurs bien dévoués. Les Tholbas (lettrés avancés) forment une section spéciale sous la direction d'un imam (professeur de théologie) où l'on commente les Hadists.

Le nombre des illettrés musulmans étant très élevé, surtout chez les sujets français, la kommandanture s'est préoccupée d'installer de nombreux cours. Ce n'est plus un cantonnement de prisonniers ; c'est plutôt une immense méderça(1), dont les officiers de la kommandanture devinrent les professeurs et les sous-officiers de la garde du camp les répétiteurs bénévolement indulgents ! L'Islam pourrait-il en rêver une meilleure diffa !

Ce n'est pas tout ; les autorités allemandes, toujours soucieuses de l'interêt qu'elles portent à la cause islamique, ont fait construire une admirable mosquée à l'intérieur du cantonnement pour permettre aux musulmans prisonniers d'accomplir leurs devoirs religieux. Cette mosquée, construite avec un cachet oriental très soigné, a été inaugurée le 13 juillet, veille du Ramadan, en la présence de son Excellence l'ambassadeur de Turquie, des autorités militaires allemandes et des fonctionnaires représentants du Ministère des Affaires étrangères allemand.

Les prisonniers étant rassemblés en ordre de parade autour de la Mosquée — les chefs indigènes revêtus de leurs étincelants burnous et de leurs *K'hâtt*(2) chamarrés de dorures — Monsieur le colonel com-

---

(1) Méderça, établissement scolaire secondaire arabe.
(2) K'hâtt-vêtements d'apparat.

mandant les camps des prisonniers, en grande tenue
de service comme — d'ailleurs les généraux et les officiers qui ont assisté à cette imposante manifestation —
monte sur l'estrade et prononce à haute voix le discours suivant qu'un capitaine a reproduit littéralement
en arabe :

« Musulmans !

« Sa Majesté Wilhelm II, Empereur d'Allemagne,
« a généreusement ordonné la construction de cette
« mosquée pour permettre aux soldats musulmans,
« adeptes du croissant, prisonniers de guerre ici, d'ac-
« complir leurs devoirs religieux dans les mêmes con-
« ditions que dans leur pays.

« Ce jour, veille du mois du Ramadan, coïncide
« heureusement avec l'ouverture de cet édifice. Les
« musulmans ici présents y apprécieront particulière-
« ment cette heureuse circonstance qui, dans un pays
« étranger quand à leurs mœurs et coutumes, leur
« permet, à la veille du mois sacré, de suivre toutes
« les prescriptions de leur foi !

« Aussi, la fondation de ce monument est une marque
« du bienveillant intérêt que Sa Majesté impériale
« affecte à l'Islam !

« Que les musulmans accueillent l'auguste geste de
« notre Empereur avec reconnaissance !

« Musulmans ! nous formons les vœux les plus sin-
« cères pour la réalisation et l'accomplissement de tous
« vos devoirs religieux. Prenez possession, en ce jour
« heureux et mémorable, de votre admirable mosquée
« et livrez-vous à votre aise à vos devoirs sacrés ! »

Le discours du colonel, reproduit en termes vibrants arabes, a produit une profonde impression sur les musulmans ! Son Excellence l'ambassadeur de Turquie répondit en termes non moins soutenus et dans un ton plein de noblesse, l'assistance officielle fut invitée par le représentant du croissant à pousser des acclamations en l'honneur de l'Empereur.

Ce fut ensuite le tour d'un Algérien qui prononça le discours suivant :

« Musulmans mes frères !

« Lorsque vous vous êtes embarqués il y a quelques
« mois d'Algérie ou du Maroc, comme combattants
« dans les rangs français, vous étiez sans doute penétrés
« de préjugés qu'on n'a pas manqué de développer
« dans votre esprit sous une mentalité imposture contre
« l'Allemagne.

« On vous avait représenté les Allemands pour des
« barbares et leurs soldats pour de sanguinaires dé-
« trousseurs de routes qui tuent femmes et enfants
« et qui achèvent les blessés sur le champ de bataille.
« On vous avait dit, en particulier, que les musul-
« mans étaient l'objet de représailles impitoyables à
« qui on blasphème religion et mœurs.
« Et cependant, aviez-vous rencontré un seul de ces
« actes chez les Allemands, vous qui, sous l'irrésis-
« tible élan de leurs forces armées, vous fûtes faits
« prisonniers avec tous vos chefs ?

« Aviez-vous été pendant tout votre séjour l'objet
« des moindres molestations ?

« Non! mes frères. Ce sont là des théories indignes
« d'une nation — la France — qui a de hautes pré-
« tentions civilisatrices.

« Si votre esprit a été asservi par tant de mensonges,
« examinez votre situation vous-mêmes et comparez.
« Vous êtes là plusieurs milliers de prisonniers musul-
« mans appartenant tous soit à l'Afrique du Nord
« soit à d'autres pays. Parmi vous, il s'est trouvé de
« nombreux blessés lors de votre captivité ; ces blessés
« ont été soignés avec plus d'humanité ; ils ont été
« même l'objet de soins particuliers et, une fois remis
« et guéris de leurs blessures dans les hôpitaux alle-
« mands, les voilà au milieu de vous, bien portants
« et convenablement habillés comme vous.

« Vous êtes installés dans un cantonnement confor-
« tablement aménagé et situé dans une région qui vous
« rappelle le climat et le paysage de notre Algérie.
« Votre alimentation et votre habillement sont toujours
« l'objet de soucis de la kommandanture qui ne néglige
« rien pour rendre votre séjour agréable. Vous êtes
« entourés d'éléments qui vous procurent bien-être et
« distractions ; les bains-maures, construits depuis votre
« arrivée, vous permettent de vous tenir constamment
« propres et de vous livrer à vos usages religieux.
« Vous vous livrez, en dehors de vos distractions de
« jeu et d'assouplissement de plein air, à des études
« du Coran et d'autres matières qui vous faisaient
« complètement défaut dans votre pays, car, vous ne
« l'ignorez pas, l'Islam est resté dans l'ignorance la
« plus noire sous la domination française. Sont-ce

« là des cruautés allemandes ? N'avez-vous pas été,
« de tout temps, entourés d'une sollicitude allemande
« paternelle, vous, dont la plupart sont sans parents
« qui, depuis le jour de votre captivité, avez été tota-
« lement oubliés et abandonnés par les Français qui
« n'ont pas pensé à vous envoyer même un paquet
« de cigarettes que les Allemands vous distribuent à
« profusion ici ?

« Et cette belle mosquée que l'Allemagne bienfaisante
« a élevée votre intention, est-ce une cruauté aussi ?
« Non, mes chers amis !

« Vous êtes venus en ennemis irresponsables contre
« l'Allemagne ; vous y retournerez en amis reconnais-
« sants. Quand du haut de ce minaret les mouddens
« appelleront les divers adeptes mahométans réunis
« ici à la prière, leur voix rituelle et sonore répandra
« sur l'Islam le germe intuitif qui liera désormais la
« sympathie reconnaissante des musulmans aux idées
« généreuses de la grande Allemagne.

« Musulmans ! contemplez ce beau monument et
« attachez votre cœur et votre esprit à ses fondations ! »

*
* *

X.

CONCLUSION.

Nous venons d'exposer une série de doléances sur les mauvais traitements qui ont atteint les soldats musulmans dans les rangs français.

Nous avons démontré le caractère persécuteur des cadres français ainsi que les causes qui les ont nourris de prédispositions haineuses et méprisantes à l'encontre de l'Islam. Il y aurait beaucoup à dire encore; mais nous aimerions mieux laisser les trop nombreux détails de nos arguments à la parole narratrice de victimes elles-mêmes pour plus tard.

Pour donner une sorte de confirmation-concluante à nos plaintes, il nous faudra, cependant, jeter un coup d'œil sur la situation politique générale de l'administration française.

Les musulmans de l'Afrique du Nord n'ont pas de représentants élus par eux-mêmes pour défendre directement leurs intérêts au sein des assemblées gouvernementales et devant l'opinion publique.

N'étant ni *électeurs* ni *éligibles*, ils sont livrés à l'administration de l'esprit détracteur des colons français et des étrangers néo-français qui, épaissis de la qualité de citoyens français, enveniment une sorte d'ambition vindicative et imposent deux principes de forfaiture sous la puissante protection des députés algériens élus par eux :

La spoliation pour laisser l'Arabe dans la misère. L'annihilation morale pour le mettre tout au bas de l'échelle sociale !

Qui défendra les musulmans au milieu de ce chaos de puissants carnivores de la chair arabe ? Il y a bien eu quelques députés français qui, au sein même du Parlement, ont désapprouvé énergiquement ce régime d'atrocités. Mais, que peuvent-ils faire contre une armée de puissants arabophobes ?

A côté de ces graves maux, il y a aussi la non moins puissante presse de l'Afrique du Nord. A elle seule, elle entretient, à grands traits, une psychologie dont les effets n'ont pas manqué d'annihiler petit à petit l'idéal de la société arabe.

Elle a inventé le « Panislamisme », elle a critiqué l'existence imaginaire de « Jeunes-Turcs », de « Jeunes-Algériens », de « Jeunes-Tunisiens » voire même de « Jeunes-Marocains » !

Elle a déprécié les mœurs et la religion des musulmans ; elle a condamné leur évolution ; elle a fini par soulever tous les Européens de la colonie — et même en France — contre l'Islam !

C'est pourquoi l'armée des soldats musulmans n'a pas été épargnée de cette néfaste mentalité dans le rang. C'est pourquoi les cadres dont nous avons parlé, accoutumés depuis longtemps à des excentricités d'admonestation dans la vie civile, n'ont pas manqué de les reproduire, avec le revolver au poing, sous l'action de leur commandement militaire sur les troupiers indigènes. Leur ambition toute étalée d'invectives, a eu même de nombreux actes sanglants sur ces soldats lorsque la guerre éclata entre la France et la Turquie et lorsque cette dernière puissance détruisit dans les Dardanelles quelques navires de guerre français.

Lâche vengeance !

L'Islam de l'Afrique du Nord a tout fait pour la France ; il a été douloureusement récompensé.

Les appelés de la « Conscription », les volontaires pour la guerre et tous les autres combattants ont été et sont encore les victimes trop faciles de l'inexorable misanthropie française. Les musulmans n'ont aucun idéal à défendre dans les rangs français ; le passé, malgré leur loyalisme et leur dévouement, ne leur a procuré que des mécomptes ; le présent et l'avenir leur réservent des perspectives trop sombres. En subissant les mauvais traitements et le honteux blasphème de leur religion, ils ajouteront le crime d'avoir contribué à la destruction de l'Islam — leur propre race — et la souillure de la Terre Sainte de Notre Prophète que la France cherche à anéantir avec la connivence de ses alliés !

*   *   *   *